JN408800

남도 꽃들 웃다

남도 꽃들 웃다

이정숙 다섯 번째 시집

해암

| 여는 글 |

향천의 꽃뜰

만개한 홍매가 바람에 하르르 하르르 떨어진다.
이 봄도 어디론가 가기 위해 준비를 하고 있을까.
바람이 부는가 싶더니 빗방울이 떨어진다.
홍매의 검은 가지에도 빗물이 흐른다.
붉은 꽃잎이 흩날리다 떨어져 우르르 몰려다닌다.
손바닥에 꽃잎 다섯 개를 주워 가지에 달려 있던
꽃처럼 만들어 본다.
손바닥에서 다시 꽃이 되는 홍매
입술로 바람을 만들어 불어 본다.
내가 만든 언어의 시가 날아간다.
꽃잎 한 잎 두 잎이 꽃송이 되어 피어나듯
언어가 생명인 시, 생명의 궤적을 시로 풀어 본다.
詩, 그 말씀의 성전을 향해 오늘도 걷고 있다.

백양산방에서
이 정 숙

| 차례 |

1_ 축원무

2_ 허물로 반생을 비추다

3_ 달 항아리

4_ 복된 만덕동으로 오시오

5_겨울 절간 꽃문살에 기대어

1
축원무

부산 오륜대

이정숙 시집

남도 꽃들 웃다

만다라 연꽃

한 겹 두 겹
마음 열어 보이며
맴돌아 피어나는
청아한 하이얀 소매
넓은 초록 치마 연잎들이
뜨거운 가슴을 시원하게 쓸어내리고
아픈 사람들의 곡절을
꽃으로 풀어보는 희망
무너지는 허방의 거푸집이
수많은 연꽃 춤 자락에 잠기우고
오래된 소원 하나
만다라 연꽃에 담아
무거운 세상 물 위에 띄운다

남도행 기차

꽃송이 가지마다 넘실대고
온천지 봄기운 가득해도
그대의 목소리 한 번
듣고 싶은 날은
푸른 강가 언덕에 앉아
봄 까치에게 노래를 청한다
향제비꽃에 손을 내밀어
춤을 청한다
남도행 기차가 지나간다
화살 같은 삶이다
솔잎단사의 콩나물 모양의 꽃잎이
고개를 숙인 오후
노을빛 강가 언덕에서
불어보는 풀피리 소리

동강 할미꽃

할매요
어찌 가파른 바위틈에 낑겨
보랏빛 웃음을 웃는다요
짙노란 이빨을 들이밀며
원 없이 웃어보시오
그 집 내력들 모여 모여
벼랑을 건들건들
편한 길 걷듯
꽃피는 이유 한 번 듣고픈디
이 봄도 어김없이 할매 옷자락 붙들고
칭얼거리는 어린애를 보듬어 주시오

온몸이 가려워서 핀다

고운 그리움도
오래되어
앵도라져
돌아누울 양이면

버선발로
조심스레
꽃 보러 오시는 임

아으
미운 임

홍매가 붉고 붉다

얼굴이 홍매가 되어
막사발 막걸리를 마신다
얼추 세어보면
돌아가신 아버지 나이쯤 되는
사람의 얼굴에
암으로 돌아가신 얼굴이 겹쳐지며
한없이 숙연해지는 낯선 밤이다
물 같은 세월에 꽃 같은 연민의 바다
홍매가 된 얼굴이
오랜 역사의 술을 마신다

양산 원동

축원무

퍼 대어도 퍼 대어도
다 담기지 않는
그대의 밥그릇을 위해
오늘은 그녀를 불러
노래 한 자락
춤사위 한 번 청해 보나니
하늘을 부르는 구음이
행복을 불러오나니
받들어도 받들어도
아픈 그대의 몸을 위해 비오나니
그녀의 넉넉한 춤사위와
사뿐히 딛는 버선코가
환한 빛으로 그늘을 지우나니
항상 잔칫날이 되어
남아 있는 생을 잘 살게나

해오라기의 난

봄비 자분자분 오는 날
먼 곳 바라보는 해오라기
봄물에 잠긴 갈대에 바람 불어
떨치지 못한 꽃무리를 흔들어 놓으면
하얀 한지 위에 곡선으로
휘이이익 난을 쳐보는
꼬부라진 봄길

아메리칸 블루의 밤

신선한 초여름에는
진한 밤꽃 향기 날리고
보리수 열매 붉어지고
초록 매실 통통하게 익어가네
고창 선운사 접시꽃도
연지 볼 내보이고
장성 백양사 물빛도
투명하게 하늘 모양을 찍는데
물 건너 온 아메리칸 블루의 꽃소매는
잘근잘근 초여름 밤을 물고 노누나

부산 만덕오름길

첫봄

달랑달랑
방울 소리 들린다
한 걸음 한 걸음
사뿐히 걸어도
문 연 귓전에는
큰 소리로 들린다네
초록 언덕을 넘어오시는가
어디 소리 숨겨 가져오다
반가운 요령 소리로 불러주는가
그윽한 향기 새벽으로 오고
눈이 부신 홍매, 청매, 백매
검은 가지를 뚫고 솟아나는 연둣빛 새잎
세상을 찾아온 수줍은 첫봄에
요령 소리 청아하고 꽃들 흐드러지게 웃는다

파안대소

웃으면 콧잔등에
곱게 주름지던 그 여자
예쁜 커다란 눈도
그 주름 때문에 보이지 않았지
오랫동안 꽃집을 하였다는 그 여자
도대체 하느님은 어떻게 그 주름을 만드신 거지

요강나물 요설

설악산 골짜기 깊은 곳에 들어가 참기생꽃과 더불어
봄나물 무쳐 먹으며 풀솜대에 자리나 펼까나
마음 둥둥 구름처럼 나불대며 철퍽거릴 때
설악산 등성에 마음 떡 갖다 붙이고 천천히 걷다가
고운 참기생꽃 만나 사분사분 이야기하다
적벽가 민초들의 새타령 한 수 청한다
큰앵초꽃 분홍빛 웃음 건네고
요강나물도 불끈한 모양새로 쳐다본다
고운 참기생꽃 산속에 고이 두고
산 입구 노란 금마타리 손잡고 악수를 하면
춥지 않은 한철 산속에 머물고 싶고나

춘정

봄빛 속에
숨어 있는 그리움은
나름대로 쓸쓸하지 않다
꽃 때문일까
나뭇가지들 늘어져 휘어진 채
온갖 꽃들 만발하여
온 세상을 덮을 듯한 소리
쩌렁쩌렁하다
숨어 있는 그리움
견딜 만하다
꽃이 피었음일까

불갑사의 상사화

불갑사에 불났다
아무도 그 불을 끌 수 없는
안으로만 안으로만
타오르는 불길
절 하나 태우고 난 연후에야
갈 길을 휘돌아보는 사람이여
올해도 또 한번 불을 지르고 있는가
불갑사 상사화 붉은 만행의 기도 타오른다

봄비 가락

며칠째 황사로 갇혔던 하늘
봄비로 얼굴을 씻고 있다
청 노루귀 귀 크게 열고 듣는 봄 목소리
명자꽃도 소리 명창 명자씨를 부르고
깽깽이풀 해금소리 올라타고
초록빛 언덕을 찌지지징 누빈다

꽃의 온도로 몸을 녹이며

칼바람 같았던 그 겨울
나는 꽃 이름을 부르며
그 추위를 견뎠다
하늘말나리, 자주꿩의다리, 노루오줌 풀꽃,
큰까치수염, 섬기린초, 애기장구채, 꼬리진달래
흰말채나무, 솔잎 금계국, 좁쌀풀, 작살나무
별꽃아재비, 도깨비바늘, 우단담배풀, 나비수국
짝짝나무, 보랏빛 부채꽃, 큰금매화, 짚신나물
봄이 오고 그리고 여름이 왔다

양산 원동

꽃향기에 젖어

봄 생각에 잠겨 있는
맑은 물가에 선다
진달래꽃 무리지어
호수에 출렁이고
잠 깬 제비꽃들이 지지배배
스치는 바람결을 붙잡는다
봄 생각에 잠겨 있는 푸른 물가에서
네가 기억하던 향기 나는 꽃도 피었던가

꽃의 상처

사상자 꽃이
누군가의 발에 밟혀 운다
선피막이 꽃이 달려가
우는 사상자 팔을 지혈한다
그 옆에 파드득 나물이
고 작은 몸으로
사상자 꽃을 다독이며 달래고 있다

봉선화 꽃물

화단에 봉선화 만발이다
고양이도 벌도 놀다가는
뜨거운 한낮이 지나면
그 노인은 물을 주곤 했다
뼈만 남은 팔뚝으로
훠어이 훠어이 물을 뿌렸다
그곳을 지나면서
봉선화 키가 쑥쑥 크고
꽃 빛깔이 왜 붉게 타오르는지
알지 못했지만 눈부시게 예뻤다
할머니부터 어린아이까지
손톱에 붉은 봉선화 꽃물을 들이지
예쁜 임 생각하며 꽃물을 들이지
노인의 뒷모습 보며 난 그림을 다시 그렸다
부부 싸움하면 큰소리가 우리 동네를 쩡쩡 울리고
자주 코피 터지게 싸움질하던 그 집 그 노인

햇살 비치는 날에

사월의 흰 눈을 맞으며
아침을 걷는다
하늘 먼 곳에서 오는 눈이 아니다
어느 허공 속에 매달려 있다가
떨어지는 낙화, 바람도 불지 않는데
분분히 떨어져 땅 위를 덮는다
세상에 매달려 짧은 시간을 마치고
억겁의 길로 떠나는 모습이
저렇게 가볍고 가뿐하구나

주름진 손가락 꽃

팔십 드신 어머니의
잘디잘게 주름진 손등
매듭 굵은 그 손가락에
보랏빛 보석꽃 폈네
어느 자식이 해 줬을꼬
손을 폈다 쥐었다
내려앉은 눈꺼풀이
껌뻑껌뻑 먼 곳을 보고
보석꽃이 피었다 졌다
몇 번을 할까
이 봄만 생각하면 그냥 서럽고
내년 봄 생각하며 친구 손이나 잡을까

양산 석계

매미 웃음

쨍쨍한 해금 소리로
숲 속을 누비는 너의 웃음
어두운 땅 벽을 닦았던 너의 고초
명쾌한 너의 웃음소리에
여름 고개는 팔 벌려 매애암
웃음 구비를 감싼다

옛집

조그만 한옥 집을 지나며
낮은 돌담 너머
피어난 황매를 본다
낯익은 꽃 빛깔에
유년의 꽃밭이 떠오르고
엄마가 기다리던 툇마루가 반짝인다
부르면 달려올 것 같은
검은 머리 어머니

늦봄

큰일 났다
야, 큰일 나 부렀다
저기, 여우 산장
빨간 동백이
수없이 목 꺾고
떨어진 꽃 사태 때문에
배고픈 사람들이 몰려들어 부렀어야!

일식

붉은 옷 입고
해와 지구 사이에
들어간 보름달이
붉은 끈을 돌리며
춤추기 시작하더니
여인네 가는 허리 만큼
휘어지며 곡예를 하고는
노란 옷 갈아입은 하현달이
머리 올린 아낙 눈썹 되어
소복소복 눈길 걷듯
밤하늘을 간다

2
허물로 반생을 비추다

기장 월전

이정숙 시집

남도 꽃들 웃다

허물로 반생을 비추다

벗어 놓은 옷도
반생을 살아간다
빨아 놓은 허물들이 빨랫줄에 걸려
해를 맞이하고 달빛에 물들면서
조금씩 물기를 말려가며
새 생명을 키운다
물기가 모두 없어져 빛만 남으면
다시 몸을 감싸 생명을 보호해주는
허물 덮기
내가 좋아하는 빛깔로
사계절을 휘돌았다
허물을 지탱해 준 빨랫줄이여
빈 몸의 중심이여

홍어탕

세찬 바람이 분다
산등성이 휘청이는 억새밭을
가을처럼 헤집으며 쏘다니다가
들어서는 울타리 남도집
싸아한 홍어탕을 시켜놓고
얼굴 붉어지는 노을을 본다
어지간히 애태우던 사랑의 여운들이
탁한 곡주 한 잔에 모아지면
'인생은 사랑을 견디는 것이야'
콤콤한 홍어의 애를 씹으며
찌들은 내 애간장도
살살 녹여보는 시간
꿈꿀 수 있는 시간 많지 않은 저녁나절
먹구름 몰려오고 굵은 눈물
끓어오르는 홍어탕 거품 속에 훅 스러진다

그대 옆집 콩밭

누렇게 누렇게 익은
콩들이 콩콩콩
들판 같은 콩밭에서
잎들이 초록빛으로 차오르더니
드디어 작은 별 같은 꽃들이
온통 내 마음을 뭉개어 놓더니만
내 것도 아닌 콩밭에
정신을 빠트리고 겨울
봄, 여름, 가을이 갔다네
이제는 세월이 싹뚝 밀어버린
내 마음에 콩밭

늑대와 함께 춤을 1분 59초

친구 둘이 술자리 주거니 받거니 하다
배꼽 친구들 부르자 번개카톡 보내고
아무도 안 나가니
와르르 번개 치며 막차 버스를 탔다
친구들 번개에 대한 논의를 시작하는데
절대 물러서지 않는 술친구들
번개 지났다, 번개 오줌 쌌다
번개는 무효성이 있는 거다
전철을 타고 번개는 서운한 거다
와글와글 주름살이 웃는다
그 와중 번개에 대한 소고를 올리는
소여물 문 시인이 보낸 풀향기 시
번개팅에서 번개 시로 번갯불로 볶은 차맛
환한 우리들 인생의 카톡방
다시 친구들 다 모여 늑대와 함께
즐겁게 춤춘 시간은 1분 59초

그림자의 로맨스

강아지풀이 고개를 흔드는
허름한 옛길을 걷는다
화려한 빌딩 숲 뒤의
어느 골목길에서 옛 향수가 일면
나지막한 얼굴의 기울임이 있지
오래 그을은 낡은 상가들
어딘가 습기찬 나무 틈새로
삐져나온 빛과 그림자들이
역사 뒷골목의 잡문을 쓴다
나의 그림자도 갈지자로
시간의 흙바닥을 긁는다

쓰름 매미와 동거하다

한 달 동안 너와 동거하는 나는
너의 잔소리에 면역이 되었다
네가 오랜 기간 지하 감방에서
느티나무 수액만 먹고
살아온 내력 때문에 참아주기로 했다
네가 먼저일지 내가 먼저일지 모르는
그 마지막 여행길도 같이 가야하기에
너의 생애를 바라보는 나는
너의 배필 잘 만나 이생에서 행복하게
너의 한을 풀고 가기를 바랄 뿐이다
너의 각시가 알을 낳고
다시 지하 생활로 돌아가는
너의 필생 수만 년 동안의
애린의 길에서 나는 잠깐 눈을 감고
여름 동안 파도 소리로 들어보던 너의 울음
너와의 동거에 마침표를 찍는 중이다

부산 강서

추자도의 입담

해무가 가득한 섬
새벽부터 폰을 통해
보지 않아도 눈물을 질퍽이며
연인에 대한 아쉬움을
달래려는 그대
세월을 이겨내라는 말 몇 마디
바다 위에 떠 있는 조용한 섬처럼
그러다 보면 해무가 그치고
푸른 하늘 평안한 노을도 찾아와
섬을 감싼다고
보여도 안 보여도
그대 가슴속에 남아 있을
불쌍한 그 사람에게 기도 많이 하시게나

붉은 별들의 가을

단풍잎이 가장 아름다운 시절
화양연화의 시간이 다하면
땅의 별이 되는 꽃들
비에 젖은 채
온몸으로 가만히 누워 있는 별
서쪽 하늘을 바라보는
수많은 붉은 별들이
사랑으로 사랑으로 모이더니
억만년의 사랑이
큰 빛으로 타오르며
먼 산을 넘어가네

헌화가

이월의 신부여
흰 면사포에 싸여 눈부시구나
행복의 손이
그대의 마음과 육체에 깃들기를
사랑의 힘이
그대의 날개에 차오르기를
오늘은
그대에게 연분홍 꽃이 되어
그대의 앞날을 축복하나니
목숨 바쳐
헌화가를 부르나니
그대의 길 환하게 빛나기를
그대의 길 신의 평화가 가득하기를

절필

시를 쓰지 못할 때가 있다

시인의 가슴을 드넓은 하늘
양떼구름들이 가둬 버리고
낭만바람이 은행잎을 흔들어서
험한 길들을 황금빛으로 찬란하게 하고
연속되는 멋진 영화들이
시간을 잠식하여 숨가쁘게 즐거워할 때
시월 구성진 빗방울 통곡 속에
지진과 태풍으로 변해버린 인생사의 허공이
빈길아 굴곡진 잠바 시퍼 같은 어느 시점
월정명 환한 달빛 아래
달 속에 빠졌다
돌아누운 홀아비 꽃대
시를 쓰지 못하는 시인은

경남통영 박경리문학관

미포의 오돌뼈

수많은 사람들 속을 뚫고 가는
금이 간 갈비뼈가
못내 걱정이 되어
그대 갈비뼈 갈비뼈
한적한 옆길로 가시오

비 내리는 날
돼지 목살 구워 먹으며
미포 바다를 마시는데
부실한 틀니 사이로
오돌뼈가 어이쿠 한다
지가 놀래나 아픈 내가 놀래지
새파랗게 젊은 이빨로 오돌뼈만 찾았는데
내 이빨도 아닌 사기 이빨이
붉은 입술 사이에서
금이 간 갈비뼈를 다정히 쳐다본다

수저의 입술

예술회관 앞뜰을 지나
골목골목을 걷다
임 곁에 된장찌개 집에 들르다
임은 없고 된장찌개를 맛있게 먹다가
수저통에 수저의 입들이
치맛자락처럼 벌려 꽂혀 있어
둥굴둥굴한 모양이 참 예뻤다
수많은 입술을 기다리고 있는
수저의 반짝이는 은색 입술이
푸른 꽃보다 더 예뻐 보였다
임 곁에 된장찌개 집을 나와
광안리 바다 모서리를 서성이다
대숲에 팥빙수 집에 들러
빙산처럼 생긴 얼음조각을
임과의 대화인 양 녹혀 먹으며
시원시원한 수저의 입술을 핥으며
내 곁에 된장찌개 집으로 향한다

가끔 천문대에 놀러 간다

겨울의 짧은 해가
꼬리를 감출 즈음
피곤한 몸은 어둠을
받아 안고 집으로 돌아온다
불 켜진 거실 환하다
밥을 먹고 샤워를 하고
검은 티비를 켠다
세상의 모든 일들이
하늘의 별들 모양 빛나는
우리 집 천문대
별들의 생애가 뜨고 지고
피 흘리고 웃고 슬퍼하고 기뻐하며
내가 끝 신호를 보낼 때까지
밝게 빛난다
한 번씩 천문대의 문을 열면
사람들이 수없이 드나들고
나는 파수꾼도 구경꾼도 되어
천문대와 사이좋게 논다

꼬부라진 라면의 날들

마음을 다스리다가
칭칭 말이 가슴에 꼬이기 시작하면
답답하니 입맛을 잃는다
날씨 흐리고 꼬인 날에는
꼬불꼬불 꼬부라진 라면 한 개
노란 양은 냄비 불에 앉히고
동글 뽀글 물방울이 끓어올라
꼬인 라면이 조금씩 풀어지며
익는 것을 보면
내 마음의 꼬인 끄나풀도
제자리를 잡아 반듯해진다
꼬부라진 라면의 날들을
비닐봉지에 스프 껍질과 함께 버리면
또 하루가 저물고
어둠 속에서 마음을 쓸어내리며
부쳐온 시집을 손에 든다

쟈니 기타의 노란 달

달밤에 늙은 수부가
기타를 친다
사랑했던 여인을 바라보며
노래를 부른다
카랑코에 선인장꽃도
흥얼거리며 핀다
달밤에 늙은 수부가
사랑했던 여인의 허리를 안고
발춤을 춘다
바닷물이 기타가 되어 울어대고
바위 위에 앉아
달그림자 보며 기타를 치는 쟈니
가녀린 어깨의 그녀는 어디 가고
쟈니 바다를 안주 삼아
달밤주를 마시는가
어제 같은 사랑의 골짜기를 헤메는가
오늘같이 달콤한 사랑을 꿈꾸는가

뜨거운 길을 지나며

여름을 견디어냈다
바닷가 울퉁불퉁한 바위를
건너다가 삐끗한 인대
절뚝거리며 횡단보도를 건너서
통증 찜질을 하면서 진땀을 흘렸다
그 여름이 지나고
또 여름이 찾아왔을 때
늘어난 인대는 제자리를 찾겠다고
다시 통증을 호소했다
그때 나는 불편한 발을 위해서
최선을 다해 친절을 베풀었다
다정한 발을 되찾기 위해
그 해 여름 발의 통증을 견뎌내며
소중한 것들에 대해 고민하며
뜨거운 길을 더 뜨겁게 달구었다
여름의 정수리에 발을 넣고
희망을 향해 걷는 연습을 했다

꽃잎 쌓이는 밤

유난히 짧게 흐른 봄날이다
봄밤 길을 걸으며
연분홍 꽃과의 이별
분분이 떨어지는 꽃잎들이
고향으로 돌아가야 할 것들이
채비를 차리고 웅성인다
좋은 벗으로 피었던 꽃들 속에
여러 인연들이 이어지고 멀어지고
영영 먼 곳으로 돌아가기도 했다
유난히 바람 잦고 짧았던 봄꿈들이
하얗게 굽은 길 위에 쌓인다

부산 만덕마을

낙동강 수양벚꽃에게

옹골진 벚꽃 나무
나뭇가지 휘늘어져
폭포수로 꽃피어
애간장 다 탄 나를
절벽으로 떠미네
강물은 그 꽃 받아내어
우당탕 파도를 헤집고 떠가는데
수양벚꽃 거꾸로 피는 꽃
네 애간장 만큼 만하랴
인생의 애달픈 맛도 이만한가 하노라

꽃기린에게

그대
잘 계시는가

꽃피고 지는
세상 나들이에

그대 소식
한 번씩 생각한다네

산다는 것
이슬 같은
그리움 아니겠는가

그대의 노을

붉은 동백 뚝뚝 떨어져
오솔길 핏빛으로 물든 저녁답
사랑하는 그대와 걷는
꽃빛 문드러진
서럽도록 어여쁜 사랑의 흔적들이
산모롱이 한 고개를 다 덮었네
사랑하는 그대
붉은꽃 같은 우리 사랑이
저물어 갈 때
주홍빛 노을은 더 흥청거리고
우리 곁을 스치고 가는 바람은
농익은 치자꽃 향기 풍기고 달아나네

은방울 꽃

이제는
강한 바람에도
꼿꼿하게 서 있는
너를 본다
가녀리게 흔들리던
연약한 너를
마음 다져가며
기도 속에 염원했던 나날
이제는 가슴 한 켠
내려놓아도 좋을
속사랑의 종소리

테라로사의 커피숍

밖에는 비가 오는데
너의 가슴에는 꽃이 피어 있구나
자정이 넘은 테라로사 커피숍에서
너는 비스듬한 탁자 위에서
한 무더기의 꽃으로 꽂혀
겨울을 견뎌 내는데
비는 유리창을 때리며 두드려 대는데
못들은 척 너는 초상처럼
꽃으로 피어 이 겨울을 견디어 내고
비는 눈이 되어 내리는데
테라로사의 커피향은 더욱 짙어오는데

3
달 항아리

양산 통도사

이정숙 시집

남도 꽃들 웃다

6분 동안의 인연

그 곳에 도착하기까지
나는 마음이 바쁜 상태였다
전철을 갈아타고 자리에 앉아
앞에 앉은 연꽃 한 송이를 바라보며
함박웃음을 지었다
큰 연꽃이 앉아 하얀 얼굴을 보이며
눈을 감고 있었다
가슴도 편안한 호흡으로 새근새근
입은 연꽃 벌어지듯 헤 조금 벌리고
넙데데한 흰 연꽃
바랑은 메고 다리 사이에는 가방을 둔 채
어느 길을 갔다 오는 길인가
짧은 순간 연꽃을 바라보며
작은 휴식을 나도 함께 취해 보는 것이다
긴장해 있던 순간의 벽을 무너뜨린
6분의 인연
도착지에 내리라는 방송이 나오자
연꽃이 두 눈을 뜬다 해맑은 눈,
지금도 미소를 띠게 하는 절집의 연꽃

부산 오륜대

백아의 거문고

용문협곡의 오동나무 한 그루
청동빛 뿌리를 땅속 깊이 내리고
은빛 용과 엉켜 있었다
그 오동나무로 신기한 거문고를 만들었다
황제가 수많은 악사들에게
아름다운 가락을 주문하지만
거친 음색으로 색색거리는 거문고
백아라는 거문고의 일인자가
부드러운 손길로 거문고를 어루만지며
거문고에게 노래를 청하며
가볍게 줄을 퉁기니
오동나무는 숲 속에 기운을 일으키며
꽃을 피우고 햇볕을 살려 내고
비바람을 불러오고
계곡의 폭포수로 흘러내리고
풀잎과 달빛 속에서
아름다운 여인도 불러내어

거문고와 함께 협주하니
여름이 오고 가을이 오고 겨울
봄이 차례로 흐르더니
하늘로 숨어 버리더라

달 항아리

보름날에는 달을 많이 따러 가야 한다
엄마가 그러셨다, 달을 따려거든
달항아리에 정성을 들여야 한다고
나는 그 말을 믿고 오며 가며
마음속 진실을 하나씩
달항아리에 넣으며 반성도 했다
엄마가 그러셨다. 달을 따려거든
달항아리에 먼지가 앉지 않게 잘 닦아 주라고
나는 그 말을 따르려 했으나
바깥을 도느라 조금밖에 닦지 못했다
엄마가 그러셨다.
아가, 너무 급하게 닦지 마라
마음은 욕심보다 작은 항아리니
꾸준히 닦아라
그러면 다 닦일 날 있을 거라 했다
어머니는 연꽃 같은 웃음을 자주 웃으셨다
그 분홍빛 웃음 위에 아침 이슬이
방울방울 맺혀 있었지만

나는 그것을 미처 헤아리지 못했다
엄마가 그러셨다, 아가, 보름날이다
엄마는 힘찬 두 팔을 벌리며
오늘은 달항아리에 한 해 농사
된장 고추장 맛있게 담아 보자꾸나

부산 천룡사

붉은 게와 다섯 발가락

이중섭 화백이 이사 가는 날은 노오란 봄이다
그의 화폭에는 아이들의 다섯 발가락이
채송화 잎같이 앙증맞게 예뻐
손가락은 긴 나뭇잎처럼 시원해
그 발가락 손가락이 가만히 있지 않아
이리저리 장난치고, 요동치고
얼마나 재미있게 노는지
요즈음 선생의 아이들과 놀다 자면
얼마나 곤한지 잠이 달콤해
하늘의 새와 선이 굵은 힘 있는 소와
바다의 잘 생긴 물고기와 우스꽝스런 붉은 게
개미, 벌, 꽃, 나비
사랑스런 아내와 아이들이 자연을 안고 노네
이중섭 선생은 화폭에 천지창조를 한거야
가족의 그리움으로 음식을 거부한 그의 입술
홀로 세상을 떠나갔지만 모든 것을 포용한 가슴
오늘도 화폭에서 물고기와 아이들의 박장대소
고향으로 돌아가는 이삿짐 옆 노란 나비 떼가 총총

성스럽다 그 소리

어디선가 물 흐르는 소리 치르렁 치르르
나는 자궁 속에 태아처럼 구부리고
양팔 감싸 안으며 누워 있다
편안한 휴식, 꾸르륵 꾸룩
엄마의 배 속에서 나는 무슨 꿈을 꾸었을까
엄마의 젊은 목소리를 노래로 생각했을까
엄마의 목소리는 늙지도 않았다
지금도 귓전에 남아 있는 엄마의 목소리
엄마의 목소리 들으며 나는 엄마가 되고
나의 딸도 엄마가 되고 가슴에 쌓여 가는
목소리들, 성스러운 사랑의 소리
가슴속에 스며 있는 당신의 온기
조용하고 따뜻했던 침묵의 말씀들이
댕댕그러엉 종소리로 울려 새겨지는 가을

얼레지 꽃 속의 얼레빗

꽃밭에 작은 보랏빛 꽃이 필 때면
엄마는 볕 좋은 마루청에서
긴 머리를 빗겨 주셨지
얼레빗으로 머리를 훑고
참빗으로 머리를 여미어
묶어 주고 땋아 주고
가끔은 머리를 올려 주시기도 했지
작은 보랏빛 꽃이 고개를 떨구며
곱게 눈웃음칠 때면
엄마의 고운 눈썹이 팔랑팔랑
나비 되어 날아오르고
얼레빗 사이마다 엄마의 콧노래와
벙긋한 웃음이 둥글둥글 영근다

폭설

폭설이 펑펑 쏟아지는
골짜기로 그리움이 운다
나뭇가지 꺾어지는 소리
그리움이 숨죽이며 운다
그리움은 길이 없어
저리 쌓이기만 하누나
그리움에 길을 놓으려
발자국은 숲으로 가는가
더 깊은 산으로 가는가

장밋빛 연인들

첫눈 오는 날
연인들은 커피향 속에서
장밋빛 사랑에 젖어 들고
외로운 이들은 기차를 타고
하얀 눈 속에 잠긴다

첫눈 오는 날
연인들은 장밋빛 사랑 후에
붉은 포도주를 마시고
고독한 이들은 연인들의 노래를
비스듬히 앉아 듣는다

사하라 1

– 사막의 달력

붉은 낙타야, 음악을 들으며 가자
세상은 슬픈 노래를 부르지만
우리는 즐겁게 살다 가자
이 뜨거운 모래 위를 즐겁게 춤추며 가는 거야
붉은 낙타야, 너를 데리고 이렇게
갈 수 있으니 얼마나 좋으냐
행복한 우리
오늘은 이 산등성이를 넘고
내일은 저 산등성이를 넘고
다 돌아 나오면 또 반복되는 뜨거운 사막
되돌이표로 돌아서 다시 노래를 부르자
삶은 기다려 주지 않지
주어진 시간을 붉은 낙타야, 웃으며 가자

부산 해운대

사하라 2
– 푸른 오아시스

붉은 낙타야

너를 타고 오아시스에 와 있다
물빛이 찰랑거리고
푸른 초원이 일렁이는
아! 바람은 왜 이리 상쾌한지
몇 번이고 날씨가 변하는 사막에서
한 번씩 황홀한 쾌락을 맛보면
나는 더욱 이 사막을 떠나지 못하는
존재의 이유가 되는 것이다
오아시스 너 어찌 그리움처럼
멀리만 있는 것 같더니
오늘은 이렇게 가슴을 훑어 내는구나
오늘이 영원한 것이 된다면
낙타야
돌아서고 싶다
기다리지도 않고
바라보지도 않고

하얗게 바래고 싶구나
그럴 수만 있다면
오아시스 오아시스
푸른,오,아,시,스
낙타야, 쉬었다 가자
언제 오아시스가 문을 열어 주겠지
내일 모래바람에 휘둘릴지라도
오늘은 오아시스와 춤을 좀 추어야겠다
사막의 춤
달콤한 배꼽춤의 향연으로
시간의 눈을 멈추어 보자

사하라 3

– 낙타의 눈망울

물가에 선 붉은 낙타
고요히 먼 산을 본다
혼자서 물가에 선 낙타
너의 갈증은 어디로 갔니
너를 사랑하던 주인은
어디에 내려놓고 왔니
너의 선한 눈망울에 기다림의 그늘
지치지도 않는 시간의 초침이
너의 마음속에서 살아 움직이고
꿈처럼 노닐던 사막에서의 초원
낙타야
늦게 도착하는 주인의 발자국이
들릴거야
이제 곧 함박웃음 가득한
너의 주인이 나타날거야
앉아서 쉬려므나
네가 좋아하는 주인이 오면
즐거운 행진을 시작해야 하니까

사하라 4
– 사막의 집

사막의 밤
그 밤의 차가움과 바람의 광폭함으로
우리를 막아 주던 집은
내일이면 보지 못하리라

커피를 마시고 누군가를 기다리던
창문의 그윽함은
가슴속에만 가득하리라

캄캄한 밤하늘에
별이 뜨지 않아도
별빛을 하늘에 붙이며
놀던 동심의 눈동자도
내일이면 아득하리라

삶에서 일어났던 기쁜 일만을
손가락으로 꼽으며
희열을 감추지 않으리라

오늘밤 눈을 감기 전
나의 연인을 가슴에 품으리라
빈 가슴으로 입맞춤하며
운명을 받아들이리라
붉은 낙타 너의 순정을
온몸으로 은혜로이 간직해 주리라

사하라 5
– 낙타의 바다

붉은 낙타야,
샹송을 찾아가는 가을
가을꽃 피는 어느 언덕에 서면
좀 느긋해지고픈 마음이다
붉은 낙타야, 사하라에 가자
선인장 꽃 피는 너의 고향으로
네가 너의 고향을 찾아가듯
나도 언젠가는 고향으로 돌아가겠지
사하라에 가서 사람이 그리워질 때까지
사막의 바람과 여행하자
너는 너의 땅을 밟으며 즐거워하고
나는 사막의 적막함을 사랑하리라
네가 쓰러지는 날 나도 함께 떠나야지
사하라의 반대편으로 방향 돌려
그리운 너를 잊을 거야
낙타가 사는 조용한 바다를 키울 거야

사하라 6

– 붉은 낙타의 속눈썹

낙타야 모래성이 있는 곳으로 가자
그곳에 가면
목마른 마음을
행복하게 해 줄 수 있을 거야
야자나무가 많은 그곳에
노곤한 몸을 눕히고
세상을 잊게 하면
정신을 차릴 거야
회복이 더디더라도 덧나지 않도록
나의 이마를
닦아 주어야 해

튼튼했던 두 다리
힘찬 어깨를
다시 펼 수 있도록
낙타야 너의 기도가 필요해
너의 초연한 속눈썹이 필요해
붉은 낙타야

나의 다리의 힘을
다시 찾을 수 있을 거야
너의 슬픔을 모래 위에 날려 버려
내일은 일어나
너의 붉은 안장을 타고
사막을 달릴 수 있게

해운대

사하라 7
– 붉은 낙타의 초원

사막의 오아시스를 찾아
행군하고 있는 너
너의 정성을 잘 알아

죽어가고 있어
마지막 가는 신음 소리만 들려
죽음을 예상해야 하는 낙타여
울지 마
너의 큰 눈에 눈물이 맺히는 날
이 세상에 없을 거야

붉은 낙타야
사막만이 펼쳐 있는
슬픈 대지에 나를 묻고

낙타야, 너는 가야 한다
푸르렀던 그 옛날의 사랑의 초원으로
돌아가 너의 친구를 찾아가
고마웠던 너와의 동행
별 같은 사랑이었다

폭포

어느 맺힌 한이
뭉쳐 있다
저리 쏟아 내리는고
물아 받아 줘라
물아 받아 줘라
저 물길 원 없이
흘러내리면
한 목숨 구하는 거다

팽목항 새

바다 위 수직으로
떨어지는 빗방울들이 아프다
안개 바다에 갇혀 울부짖던
세상 떠난 영혼들이
흰 새가 되어 하늘로 오른다
세월호 선주의 수배 포스터는
아파트 현관문에 웃는 얼굴로 붙어 있고
희생자의 남아 있는 가족들은
슬픔의 자리마다 피눈물이 고여
뜨겁게 다른 한생을 살아야 한다
비바람이 불 때마다 팽목팽목 하는
팽목항 풍경 소리가 막걸리 주전자에 엎혀 운다

마른 눈물의 빵

적막한 밤에는
마른 마음 적시는 시를 읽고 싶다
눈이 내리는 산길을 오르며
발자국 만들어 가듯
아름다운 이의 숨결을 읽듯
따뜻한 체온의 말씀을 듣고 싶다
아픔이 아픔인지도 잊은 채
삶을 이어가기 위해
일하는 당신의 속내를
감히 내가 알지 못하지
마른 눈물의 빵을 먹으며
당신을 달래지 못한 후회를
한번은 사랑의 시로 용서 받고 싶어

이정숙 시집

남도 꽃들 웃다

4
복된 만덕동으로 오시오

순천만 민속촌

이정숙 시집

남도 꽃들 웃다

만덕고개

수백 년 동안 선조들이 넘었던 고개
봄, 여름, 가을, 겨울 구포와 동래장으로
가족들의 먹거리 입을 거리 찾아
발걸음을 종종거리며
세상살이 이야기를 나누던 고갯길
고갯길이 가파르고 비탈져도
희망과 기쁨으로 다져 주며
헤쳐 나갔던 굿굿한 어버이들
그 튼튼한 버팀목의 고갯길이 지금은
만덕으로 들어오고 나가는 터널이 되어
번영과 소통을 펼쳐 가는 길
만덕고갯길은 사랑으로 살아가는
만덕 마을의 전령사라네

복된 만덕동으로 오시오

벚꽃이 하늘을 덮을 듯 피어날 때는
좋은 임을 만나는 시절
가지가지 끝마다 꽃술을 달고
당당하게 힘을 뻗치고 있으니

봄날 벚꽃 보려거든
복된 만덕동에 오시오
만 가지 덕을 나눠 줄 듯
편안하게 가슴을 열고
꽃들이 그대에게 자유로움 안겨 줄테니
충만한 봄의 춤을 볼 수 있으니
그대 꼬옥 시간을 내어
만덕동에 오시오

오늘은 땅 위로 벚꽃이 놀러 왔오
어제 비님과 속살거리더니
하염없이 마음을 내려놓으며
온 땅을 연분홍빛으로 물들게 하는구려

차마 밟을 수 없는
짧은 꽃잎의 생애를
차마 잊을 수 없는
짧은 꽃잎과의 만남을
돌아올 봄을 기약하며 바라본다오

해월정의 술맛

무성한 솔잎 너머 지는 해는
마지막 빛덩이로 춤춘다
바위 위로 흰 파도는 격렬하게 부서지고
해운대의 넓은 품에
섬이 되어 앉아 보는 정자
바람에 날리는 노란 잎들이
책장을 넘기듯 쌓인다
물 위에 정박된 하얀 배들
어두워지는 바다 익어 가는 술맛
맥주 거품처럼 흘리내리는 생의 뒷모습이
뱃전의 주홍빛 전구에 비춰 넘실대고
청회색 바다의 물결은
밤마실 나올 달 맞으러 단장 중이다

간절곶 해꽃은 날마다 핀다

세상은 어둠으로 잠들어 있고
꽃은 저 혼자 꽃잎을 열려고
꽃샘을 만들고 있다
내일이면 임 만나는 날
꽃잎의 색을 만들기 위해
안으로 안으로 사르는 불길
바람도 조용히 꽃을 지켜보고
꽃아 꽃아
벙글어지는 너의 꽃잎이
터질 듯하는구나
붉게 올라오는 꽃잎의 숨결
임에게 바치는 순결한 입술이
새벽을 깨운다

동해 꽃눈 열차

온천지 하얗게 된 날은
모든 것 놓아 버리고
선한 혼만 남아
폴폴 날아다니고 싶다
그러다 힘이 들면
얼어붙은 시냇가에 앉아
쩔쩔 끓던 사랑하는 사람 손잡고
정담을 나눈다
그리움이 한 겹 한 겹
눈처럼 쌓여
앞으로 나아가지 못할 때
꽃눈 열차에 몸을 싣고
백설의 세상에 가면
이 세상 저세상이
다 하나이더라

만덕동 알터바위

여자와 남자가 만나
아기가 태어나고
아이가 자라서
어른이 되기까지
부부가 간절히 기도하고
잘살기 위해
풍년의 은혜를
빌었던 알터바위

오늘날은
장성한 딸 아들
가정 이루어
아기자기 모여 사는
아파트 알터

열심히 일하고 사랑하고
미래를 설계하는
우뚝 솟은 빌딩 속의 알터

전북 금산사

모두 건강하고
복된 삶 이루기를
옛 조상들 기원의 숨결이
배 모양의 알터바위 속에
지금도 동그란 성혈로
힘찬 맥박으로 뛰고 있다네

진하 화첩

즐겁게 검은 바위를 탄다
몇 번을 찾아갔어도
걷지 못하고 머물기만 했던 길
마른바람에 울던
해국이 시든 머리를 숙인 채
줄줄이 가파른 길에 뿌리를 묻고 있다
바위와 절벽 위에 힘들게 몸을 지탱하며
해풍 맞으며 푸르게 바다를 보는 소나무 군락
해송들이 바다와 얘기하는 것 엿듣다가
바다꽃 같은 붉은 등대 불러다가
무용담 같은 뱃길들의 회포를 풀다가
발길 잡힌 꽃게가 된다
물고기 등을 닮은 해안선을
맨발로 줄타기하면
고요하고 깊고 푸른
부드러운 평화가 어둠을 가른다

울산 진하

남해 금산

남해 금산 오르는 길
봄볕 만물 두루 비쳐 따뜻하고
신록에 물이 올라 연둣빛 가득하네
큰 아량 든든한 바위 곁에 서서
주름진 눈가 벼랑 끝 소나무를 보네
산 아래 안개 어린 섬들 잠들어 있고
생각 내려놓은 노란 생강나무가
연등처럼 환하게 웃음 웃을 때
나그네 사바세계로 푸른 구름을 띄우네

경남 남해금산

해운대 혼례

열두 폭으로 넘실대는
파도 앞에서 연인들이 키스를 하고
구름은 하늘의 백마처럼 거닐며
연인들에게 축복을 준다
십일월은 붉은 노을을 안고
아늑한 수평선 너머 미래를 펼치고
금모래 위에 그림자 지고
무지개 불빛 밤바다에 반짝이면
젊은 연인들은 보금자리 찾아
행복한 노래 부르며
사랑의 꽃이 있는 집으로 간다

해운대

금련산 역에서

승강기를 타고 내리자
떨어지는 소리가 철퍼덕이다
장대비 한 방울,
저 빗속에 더러운 것들
씻겨져 나가고
여름내 버티던 푸른 나무들
한껏 목축이며 몸단장하겠지
빨간 열매 맺어 마지막 선물을 남겨 놓고
오색으로 세상 색칠해 놓고
조용히 떠나갈 준비 시금부터 시작하겠지
마지막 여행 가방에 무엇을 담아 갈까

운촌 바다

그곳에 내릴 때마다
흰 구름이 떠 있는
한적한 마을에 여행 온 것처럼
마음이 설레었다
목적지에 가서 일을 끝내고
돌아오는 길목엔
하얀 호텔, 아파트가 있고
그 앞으로 바다가 지구의 반을 차지한 것처럼
거대한 몸을 드러내고 있었다
나는 운촌이라는 정거장에서
종종거리며 버스를 타야 했는데
그 거대한 바다가
내 목덜미를 잡고 놓아주지 않았다
시간의 자유인이 되어
바다 곁에 돌아와 친구가 되었을 때
바다는 음계 소리를 내며
내 머리카락을 휘날리고
노란 블라우스에 사랑으로 스며들어
고요한 세상의 빛을 보여 주기도 하였다

임랑 해변

물빛 좋은 길을 가노라면
모래를 끼고 푸르게 찰랑이는 물
아름다운 이 길은 어찌하여
이렇게 굽어 바다를 돌고 있나

사람도 숙여 숙여 살면
맑은 물빛 만들 수 있을까
바위처럼 고요히 침묵하면
잔잔한 물빛 품을 수 있을까

파도는 울먹이며
그렁크렁 일렁이다
은빛으로 반짝인다
밤을 기다리는 연인들이
몸을 풀어 바다를 건너고
달빛 아래 고통을 끌어안으며
임이랑 임이랑 뱃놀이 한바탕

청사포 전설

푸른 뱀이 바다 향해 고개를 든다
임을 그리워하며
긴 머리를 푼 푸른 뱀
세상 일을 접어두고
출렁이는 바다를 보며
기억을 더듬으면 환해지는 가슴
주어진 시간을 살아가는 것을
희망으로 믿고
배를 밀어 보는 가느다란 뱀
대나무 숲 속으로 돌아가는 뒷모습
우수수 대나무숲이 바람에 흔들린다

부산 청사포

동래 학소대

노송이 우거진 동산에
학들이 모여 살았다
학들이 동래 칠산동에서
구월산을 향해서
날개를 활짝 펼친다

학이 울타리가 되었던 법륜사
나라를 찾기 위해 피 흘렸던
3.1 운동의 본거지요
민족정신을 가르져
나라 사랑을 일깨웠던 곳
백 년의 역사 위에 학이 날고 있다
단정한 너의 자태와 멀리 보는 너의 눈
넓게 두 날개를 펴면
젊은 투사의 용맹함이
나라를 되찾기에 부족함이 없다

학들이 오늘도 날아오르고 있다
꿈을 향해 구월산에서 돌아오고 있다
새로운 오늘, 우리의 미래를 밝혀 줄
횃불을 입에 물고 날개 휘저어 온다

송정 죽도 공원

바람과 햇살을 친구 삼고
살아가는 공원이 된 섬
날마다 하늘과 구름을
불러들여 푸르게 솟아오른
소나무 향 가득한 오솔길 따라가다
완만히 굽어진 해안선에 눈이 멈추면
고통이 쓸쓸하게 히힝거리는 소리
포구에 정박한 배들 중에
흰 등대 붉은 등대 환호 받으며
오방색 깃발 달고
물 위를 헤치고 가는 첫 배
나도 마음의 주름을 펴며
바다의 마음속으로 간다

5
겨울 절간 꽃문살에 기대어

부산 운수사

이정숙 시집

남도 꽃들 웃다

우중 산책

산빛도 해무에 가려져 보이지 않고
색색의 수국도 희미한 색깔로 다가와
모든 것이 반쯤 가려진 온천지
마음의 눈도 반쯤 가려져
오늘을 보내면 좋으련만
아득한 수평선 위로
선명히 다가오는 그리움은
해무도 어쩔 수 없다
달디단 그리움의 입술을
해무도 그냥 지나칠 수 없다
푸르던 그 마음을
안갯빛으로 바꾼 그 바다를
더는 사랑할 수 없었다
우중 산책 미로의 사랑을 빠져나오니
햇살이 들기 시작한다

부산 태종사

누워서 웃는 나무

하늘을 더 많이 보며
누워서 사는 나무가 있다
높은 산 바람이 세서 누워서
경사진 채 살아갈 수밖에 없는
운명을 살아간다

사람도 바람을 잘못 받아들이면
기우뚱거리며 산다
날마다 그 몸을 챙기느라
운동 기구 앞에서 산책하는 길에서
더딘 발걸음을 옮기는 사내

그 발자국 위로 햇빛이 비치고
꽃잎이 떨어지고 빗방울도 쉬다 간다
그냥 사는 거다
그냥 착하고 아름답게
모든 것 주고 떠나는 가을 나뭇잎처럼

장터

건널목을 건너면서
할머니를 지나치다가
비둘기 한 마리가 총총히
할머니 곁으로 가는 것을 본다
눈빛이 깨끗한 할머니는
준비한 듯한 모습으로 비닐을
뒤적이더니 옥수수 뻥튀기를 몇 알씩
비둘기 앞에 넌지시 던져 준다
어미가 자식에게 밥을 먹이듯
비둘기를 바라보는 부추 파는 할머니
밥을 먹인다는 것이
고귀한 일인 줄을
모두가 떠난 뒤에
늦게서야 알아채는 장터

황금 들판

오래전에
그 초록 들판에
내 꿈 하나
흰 구름처럼 떠 있었지

산 넘고
계곡을 오르고
징검다리를 건너며
흐르는 물속에 시간은
깊이 잠겨 있는 것 같았지

저 황금 들판에
내 꿈 하나
내 사랑 하나
쌀 알곡처럼 영글고 있는 걸
가을바람이 가르쳐 주고 있는 걸
고개 끄덕이며 바라보며 웃네

숲으로 들어가는 사람들

새벽 숲 사이로 금빛 햇살이 스며든다
가을에는 숲으로 돌아오는
사람들이 있다
어린 시절 부모님 손을 잡고
처음 숲을 구경하고
작은 풀꽃들의 이름을 물었었지
연둣빛에서 짙은 녹색으로 갈색으로
몸을 뒤척이며 우리를 기다리는 숲
다가서면 포근히 다독여 주는 가슴
그 속에서 삶과 사람을 기억하며
미래의 팔을 흔들어 본다
가을에는 작은 들꽃이 피어나는
오솔길에 두 손을 마주 잡고
숲으로 들어가는 사람들이 있다

가을의 말씀

가을은 창문을 열어
편안하게 쉬고 있다
나무들도 자신을 조금씩 내려놓으며
몸이 가벼워진다
강은 역류하지 않고 고이지 않으며
유유히 흘러간다

우리 아름답던 시절을
욕심 없이 바라보는 눈
가을은 낮은 마음으로
세상을 찬미하라고
따뜻한 햇빛으로 나뭇잎을 물들인다네

휘파람새

흰 벚꽃 아래
백발의 할머니가
쑥을 뜯는다

어디선가 들려오는
휘파람새의
단조롭고 낭낭한 노래

오래된 절터를
찾는 목마른 사람들이
한 모금씩 물고 나는
물 맑은 기도 소리

생의 끝이

낯선 그 나라에서
집으로 돌아오는 길

천상의 꽃처럼 부풀어
환희 웃으며
수없이 맺힌 꽃봉오리

꽃아, 마지막 혼을
너처럼 피었다 지면
오직 좋을까

아픈 사람들 생의 끝이
환한 꽃처럼 웃다 가면
오직 좋을까

태종사 수국축제

백양산 가을

허공에 대고
한없이 올라서던
푸른 나뭇잎들이
귀뚜라미 소리에
가만히 귀를 기울인다
햇볕은 조금씩 열을 낮추고
바람도 멈추어 허공을 듣는다
올라가라 올라가라
소리치던 그 어른은 이젠
숲을 떠날 준비를 하신다
아득한 허공으로 흩어진
잿빛 유골이 흰 구름 위에
빈 몸을 뉘인다
가을 숲은 시간의 맥박을 찾아
발자국을 지우며 가고 있다

기러기 솟대에게

사람들이 고달파하기도 하는 인생
그리 나쁘지 않았어요
피어오르는 봄날처럼
그대와의 사랑도 상큼했고
작은 풀꽃들도 병치레 안하고
잘 커 주었어요
수레국화의 덜커덩거리던 고갯길도
믿음 하나로 촛불 켠 미로들도
비단길로 세월이 덮어 주었죠
도끼 꼬리 만한 봄날 벙긋거리는 백목련 보려고
따뜻해지기를 바라던 그대의 긴 목
꽃피는 것 보려 빛이 돋는 새벽 기다리는
우리들 사랑의 행복도 그리 나쁘지 않았어요

땅끝에서 부르는 노래

바다의 푸른 목덜미를
날마다 바라보다
목이 아픈 사내는
오늘도 그리운 꽃잎같이
옷이 젖는다
얇은 꽃잎 같은 옷을
바닷물에 빤다
떨어진 꽃잎 줍듯이
옷을 집어 든다
다시 정겨운 목소리로 다가서는 파도
세찬 밀물이 몰려 온다
사내여, 돌아서라
땅끝의 욕망을
저 바다에 버리고
사람 냄새 풍기는 저 마을로 돌아가자

다비식

달도 뜨지 않은
흐리고 눅눅한 날
늦은 저녁 인부들이 허기를 채운다
된장 푼 감자탕
돼지 갈비뼈에 붙은 살을
아귀아귀 발라 먹는다
고픈 배에 힘 좀 돋으라도
뼈와 살을 보시하는 살코기 주인
고맙군, 고마워
쌓이는 뼈다귀
살풋 왔다 가는
어느 영혼이
빈 전골 냄비를 보며
흡족히 웃는다

햇볕 그물을 펴고

장사도 앞바다에
배 한 척으로 떠 있다네
어둠이 몰려오면
그물을 접어 돌아간다네
오늘은 얼마나 잡혔나
예쁜 아내가 기다리는 집으로 가
구멍난 그물을 손질하며
삶의 갈증을 메운다네

꽃들의 행진

채식만 하던 소화 불량자가 말했지요
외로움을 달래주는 것이
꽃이었다고
많이 아파올 때면
꽃을 보며 위로를 받았다고
하루라도 꽃을 못 보면 괴로웠지요
이 몸이 살아 볼
기운을 찾게 한 것은 꽃이었지요
꽃은 계절마다 피고 지고
져도 또 피어 났어요
나는 밤낮으로 꽃들의 숨결을
마주 쉬며 하루,
하루를 지탱해 갔었지요

사랑에게

해가 지는 오후
자전거를 타고 너에게 간다
햇볕과 바람을 가르고
은행나무 가로수를 지나
따뜻한 창이 보이는 너에게 간다
먼 곳에서부터
그대를 생각하는 단풍잎
그리움이 첩첩이 쌓여
산이 되어 흐르는
선명한 사랑의 전류
푸른 두물머리의 강을 지나
여우산장을 지나
쥐똥나무 울타리 너머
따뜻한 창이 보이는
오래된 사랑 너에게 간다

양산천

내 고향으로 날 보내주오

갯벌이 풀밭이 된
강어귀에 놓였던
오래된 배가 몇 년인가
비바람 맞으며 수행을 하고 있었다
나는 그 옆을 맴돌며
먼 물결을 바라보곤 했었다
어느 눈 펑펑 내리는 날
배는 흠씬 눈 방망이를 맞으며
눈 속에 파묻히고 있었다
나는 그 옆에 가서
눈 위에 뱃길을 내 보아요 하며
길 내는 시늉을 해 보였다
눈사람 친구도 그 곁에 세워두었다
그리고 먼 여행을 다녀온 후
정든 갯벌에 다시 찾아갔다
온통 초록 풀꽃들이 하얗게
메밀꽃처럼 피어오르고 있었다
아, 뱃길을 내어 떠났구나

오래된 배가 어디를 향해 간 걸까
저 먼 물결 수평선 너머
아득한 하늘에 갈매기 날아간다

기장 죽성

겨울 절간 꽃문살에 기대어 있다가

처음엔 아무것도 보이지 않았다
그 긴 생애가
과녁의 한 점으로
희미하게 남아
안개 속으로 스며드는 찰나
기와 추녀 끝에 달린 풍경
만년설 바람과 마주치려는 찰나
스러지려는 육신이
생과 사의 문을 드나들려는 찰나에
그 절 부치님 전
탑돌이를 돌기도 전에
꽃문살에 내 몸은 살에 들려
몇 천 년을 떠돌다가
눈이 첩첩 쌓이는 날
다시 한 마리의 꽃사슴으로 태어나
눈 먼 꽃문살 속
꽃문살을 새기는 동자를 본다
살풋 눈을 뜨니 풍경 소리 들린다

| 닫는 글 |

『남도 꽃들 웃다』
다섯 번째 시집을 묶으면서

네 번째 시집 『예리코의 장미』를 출판한 지도 9년이 됩니다. 세월이 훌쩍 가버렸어요.
크고 작은 일들이 바람처럼 스쳐갑니다. 그래도 흰 종이와 볼펜은 항상 내 곁에서 있어 주었고 시를 기다리고 있었지요. 그동안에 고샅문학회에서 동인 시집을 내고, 강변문학 낭송회에서 시낭송을 하고 회원들과 가끔 여행도 가고 매달 만남을 가지며 문학과 시를 교감하며 따뜻하게 지낸 것이 가장 기억에 남는군요.
잡지에 선 보인 작품과 미발표 된 작품을 모아 다섯 번째 시집을 만들었습니다. 세월은 갔어도 작품을 모아 묶을 수 있어 뿌듯합니다.

부산문화재단의 창작지원금과 해암출판사의 박철수 사장님께도 감사의 마음을 전합니다.

독자와 예술인들이 시집을 읽고 나누며 더 좋고 행복한 세상을 만들었으면 합니다.

2017년 6월
이 정 숙

남도 꽃들 웃다

인쇄일 2017년 7월 05일
발행일 2017년 7월 10일

지은이 이정숙
펴낸이 박철수
펴낸곳 도서출판 해암

등록번호 제325-2001-000007호
주소 부산시 중구 백산길 17 삼성빌딩 702호
전화 051)254-2260, 2261
팩스 051)246-1895
메일 haeambook@daum.net

ISBN 978-89-6649-123-0 03810

값 13,000원

*본 도서는 2017년 부산문화재단 지역문화예술육성지원사업의 일부 지원으로 제작되었습니다.
*이 도서의 국립중앙도서관 출판예정도서목록(CIP)은 서지정보유통지원시스템 홈페이지 (http://seoji.nl.go.kr)와 국가자료공동목록시스템(http://www.nl.go.kr/kolisnet)에서 이용하실 수 있습니다. (CIP제어번호 : CIP2017015769)